this book belongs to:

_ _

_ _

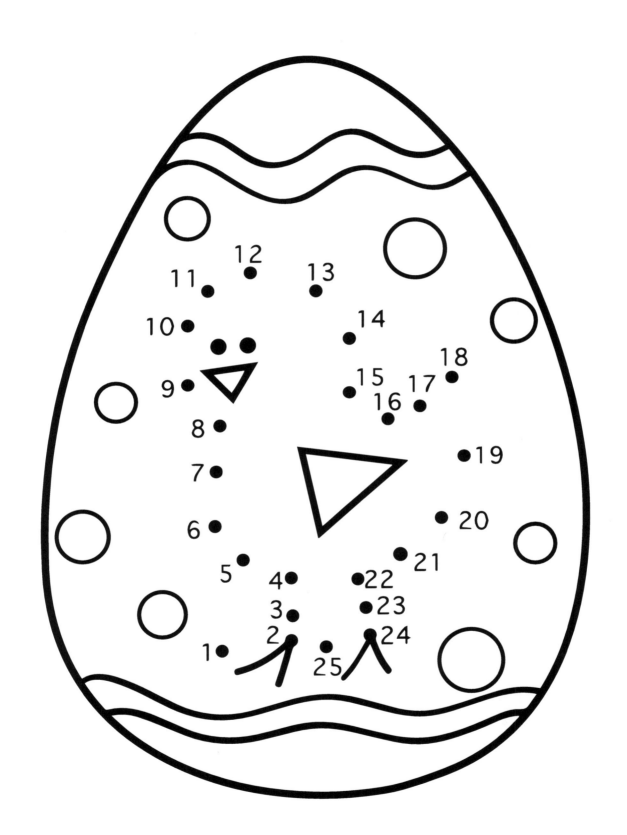

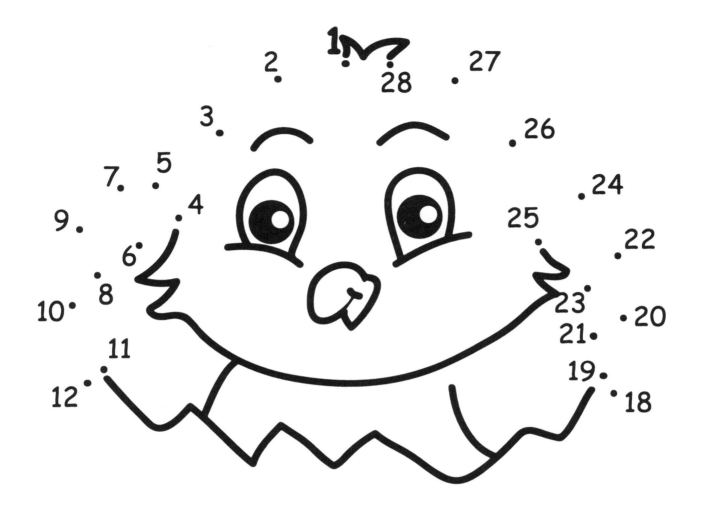

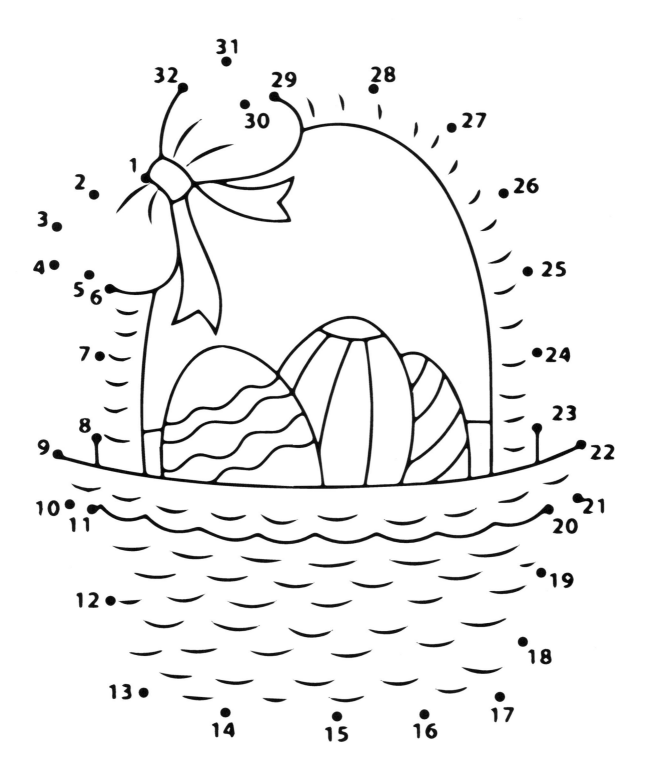

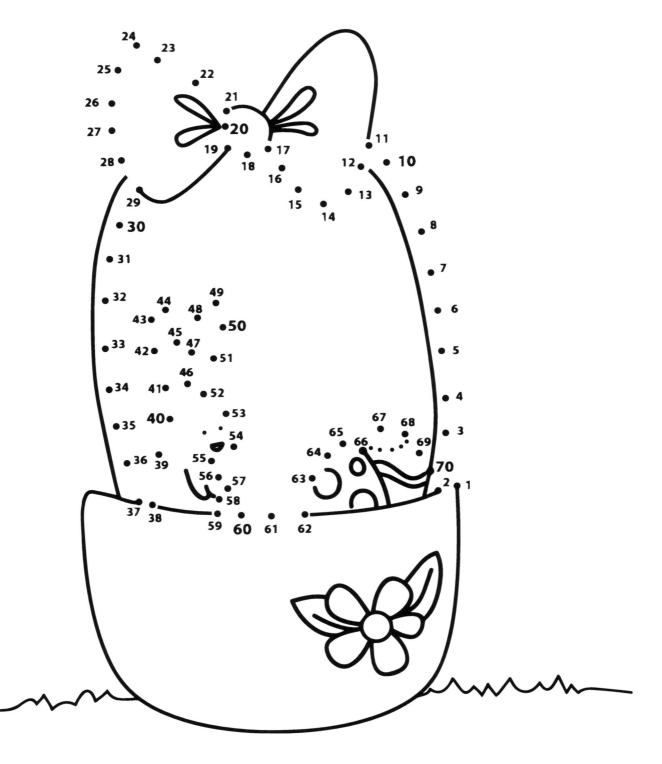

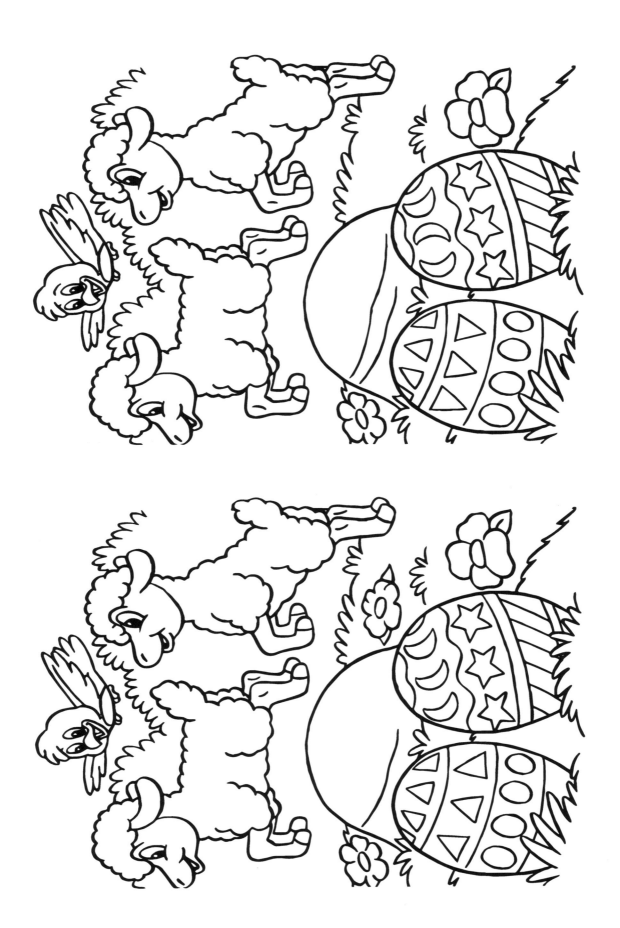

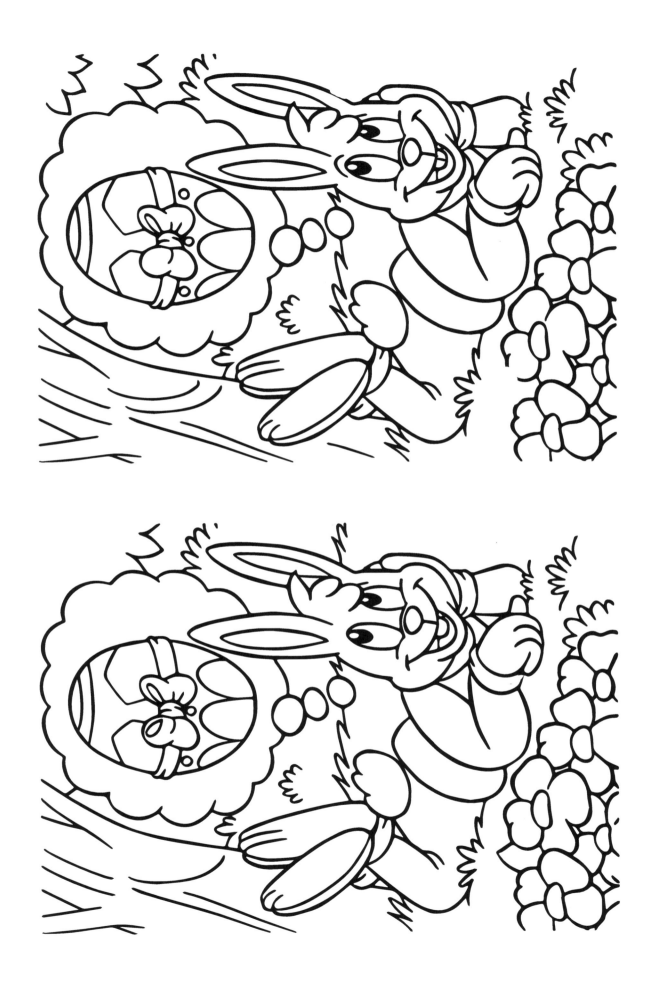

Mazes

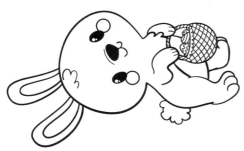

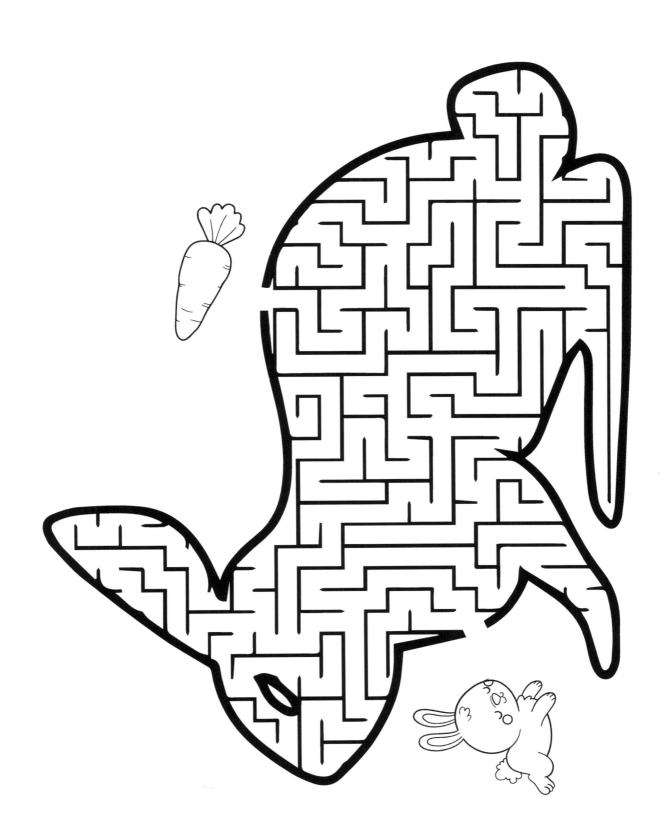

```
G J C H I C K C P
D A S R D S P W A
F P P T B T U Q S
L R G S A I R S T
Y I R I S R A C E
L L U N K Y V R L
J B D A E C E Q G
Q R M A T G C A W
A E I E A S T E R
T A B C S H I P L
I L E G G C V I D
G S P R I N G N K
B F A B R T L U H
```

APRIL BASKET
EASTER SPRING PASTEL

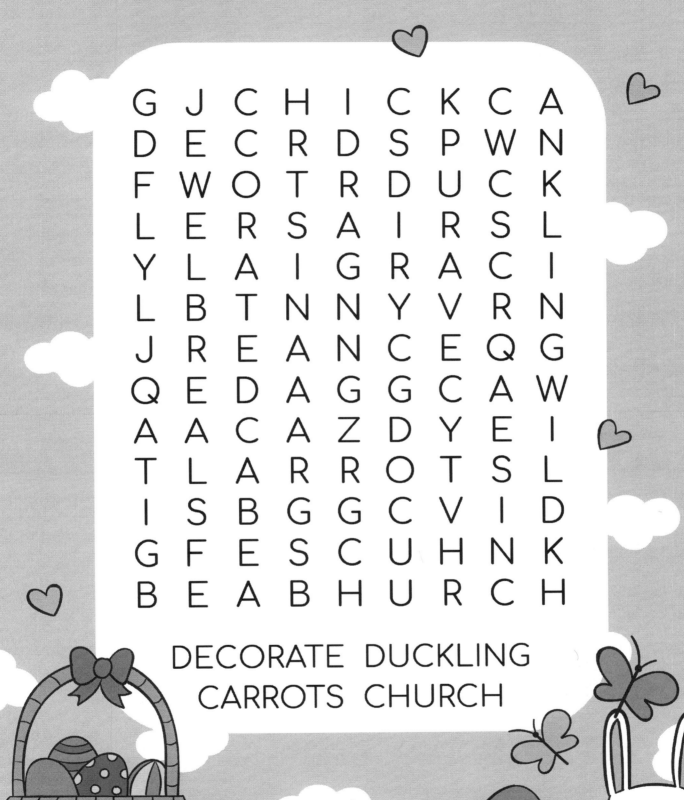

DECORATE DUCKLING
CARROTS CHURCH

```
G J C H I C K C A
D S H R D S P W N
F W O C O T U Q D
L E C S L I R S L
Y L R I A R A C E
L B A N T Y V D S
J R C A E C E U G
Q E K I N G C C W
A A M A Z D Y K I
T L I C S H I Y L
I S B G G C V P D
G F C U D D H I K
B E A B O L Y N H
```

CHOCOLATE CRACKING
DUCKY CUDDLY

COLORFUL DAFFODILS
FLOWERS TREATS

MARSHMALLOW PAINTING
QUACK YUMMY RABBIT

Made in the USA
Columbia, SC
06 March 2019